AF348117

INSTRUCTION PUBLIQUE.

FACULTÉ DE DROIT DE STRASBOURG.

ACTE PUBLIC

SUR

LE CONTRAT DE SOCIÉTÉ,

SOUTENU,

A LA FACULTÉ DE DROIT DE STRASBOURG,

Le Mardi 16 Juin 1818, à quatre heures de relevée,

POUR OBTENIR LE GRADE DE LICENCIÉ EN DROIT,

PAR

NICOLAS THIRIOT,

BACHELIER EN DROIT,

DE NANCY (DÉPARTEMENT DE LA MEURTHE).

STRASBOURG,

De l'imprimerie de LEVRAULT, impr. de la Faculté de Droit.

1818.

M. **Hermann**, Chevalier de l'Ordre royal de la Légion
d'Honneur, Doyen de la Faculté de Droit.

EXAMINATEURS :

MM. **Laporte**,
    Arnold,   } Professeurs.
    Frantz,
    Blœchel, Suppléant.

DU CONTRAT DE SOCIÉTÉ.

DÉFINITION.

LA société est un contrat par lequel deux ou plusieurs personnes conviennent de mettre quelque chose en commun, et de partager le bénéfice honnête qui pourra en résulter (art. 1832).

Un contrat synallagmatique parfait : chaque associé a une action directe. Dans le Droit romain il n'y avoit point d'action contraire, comme dans les autres contrats synallagmatiques; car, la condition des associés étant la même, l'action directe doit leur être accordée à tous indistinctement. L'action *pro socio* avoit cela de particulier, qu'elle notoit d'infamie le condamné pour dol. (*L.* 1 *et* 6, *de his qui inf.*) Ce contrat est commutatif et non solennel; ainsi il peut être fait sous seing privé (art. 1341).

Conviennent : le consentement des parties suffit; la rédaction par écrit n'est que pour prouver l'existence du contrat.

De mettre quelque chose en commun : cet apport peut consister, soit dans des objets réels et effectifs, soit dans la simple industrie de l'associé, pourvu que les produits de cette industrie soient appréciables; car, si quelqu'un n'apportoit que son crédit ou sa protection, cet apport seroit nul. (POTHIER, n.° 10; *L.* 5, §. 1, *D. pro socio,* et art. 1833, §. 2.)

Et de partager : la société doit être contractée pour l'intérêt commun des parties (POTHIER, n.° 11; *L.* 52, *D. pro socio,* §. 1, et art. 1833, §. 1.er): c'est d'après ce principe que l'on proscrit les sociétés léonines.

Le bénéfice honnête : si l'affaire pour laquelle la société a été contractée est illicite, le contrat de société est nul relativement aux associés, mais non à l'égard des tiers, qui peuvent poursuivre solidairement les associés pour la réparation du dommage qu'ils ont souffert (*L.* 35, §. 2, *de contr. empt.*). Le dol ou la fraude frappent ce contrat de nullité; car c'est surtout à cette convention que la bonne foi doit présider (*L.* 3, *C. commun. in societat.*, *etc.* et *L.* 3, §. 3, *D. pro socio*).

CHAPITRE PREMIER.

Des différentes espèces de sociétés.

Les sociétés sont ou universelles ou particulières (*L.* 5, *D. pro socio*).

SECTION PREMIÈRE.

De la société universelle.

La société universelle en général est celle par laquelle les parties mettent en commun tous leurs biens présens, ou tous les gains qu'ils pourront faire.

L'article 1839 a décidé que la simple stipulation de société universelle ne comprend que la société des gains, parce que la société universelle des biens a lieu encore plus rarement que l'autre.

Comme ces deux espèces de sociétés peuvent exister entre des personnes de fortunes inégales, et que par ce moyen on pourroit éluder les lois établies au titre des donations relativement aux avantages indirects, on a décidé qu'elles ne pourroient avoir lieu qu'entre personnes respectivement capables de recevoir l'une de l'autre, et auxquelles il n'est pas défendu de s'avantager au préjudice d'autres personnes ; et, comme on ne peut faire de donations que d'une manière directe, il s'ensuit qu'une société universelle, contractée en contravention aux dispositions de l'article 1840, ne peut valoir comme donation (*L.* 5, *D. pro socio*).

Ainsi cette société est prohibée ,

1.º Entre les époux, s'ils ont des ascendans ou des descendans (art. 1094);

2.º Entre un père et un enfant naturel (art. 908);

3.º Entre un mineur devenu majeur, et son tuteur, avant la reddition du compte de tutelle ;

4.º Si un père a plusieurs enfans, entre lui et l'un d'eux ;

5.º Entre un père et des étrangers (art. 913). Mais ces personnes acquerront légalement le profit qui pourroit résulter de conventions qui ne présentoient aucun avantage au moment où elles ont été faites.

Quels sont les biens qui peuvent composer cette société ?

D'abord on peut y faire entrer toute espèce de gains (art. 1837).

On pourroit présumer, d'après les termes de cet article, que la loi ne fait pas entrer de plein droit dans la société les gains qui proviennent d'ailleurs que des biens présens , et qu'elle laisse seulement aux parties la faculté d'en convenir.

Les biens futurs et incertains ne peuvent y être compris,

1.º Parce qu'une telle clause déguise des donations de biens futurs ; 2.º qu'elle est contraire à l'égalité qui doit régner dans le contrat de société ; 3.º, enfin, parce qu'on ne pourroit apprécier les apports. Cependant elle étoit autorisée par les Lois romaines (*L.* 3, §. 1, *D.*), suivies par POTHIER, n.º 29. Aujourd'hui elle n'est plus permise qu'entre époux, par contrat de mariage , sans qu'ils puissent en jouir après s'être séparés de biens; car, le motif qui avoit fait prononcer cette exception en leur faveur n'existant plus, ils doivent rentrer sous l'empire du droit commun.

La société universelle des gains comprend ce que les associés acquièrent par leur industrie à quelque titre que ce soit, pourvu que ce soit d'une manière licite (*L.* 52, §. 17, *D. pro socio*); tout ce qu'ils acquièrent autrement qu'à titre gratuit, et les meubles que chaque associé possède au moment du contrat (art. 1838).

Section II.

De la société particulière.

D'après les articles 1841 et 1842, on juge de quelle latitude jouissent ceux qui contractent une société particulière ; mais on doit toujours respecter l'ordre public et les bonnes mœurs, et se rappeler sans cesse que la bonne foi est la base de toute association, *in societatis contractibus bona fides exuberet* (*L.* 3, *C.*) : d'un autre côté, pour qu'il y ait société, il faut qu'on stipule un **profit** commun ; car, dans le cas contraire, ce ne seroit qu'un **simple** mandat (*LL.* 52 *et* 71, *D. pro socio, et L.* 2, *C. eodem*).

CHAPITRE II.

Des principales clauses du contrat de société.

Elles sont relatives, 1.° à la durée de la société ; 2.° à son administration ; 3.° à la fixation des parts.

Section première.

Du commencement et de la durée de la société.

Quand on n'a rien stipulé relativement au commencement de la société, elle commence à l'instant même du contrat ; mais on peut convenir qu'elle ne commencera qu'à un certain temps et à l'événement de telle condition (*L.* 7, *D. pro socio*). Quant à sa durée, elle est susceptible des mêmes conventions ; mais, si on n'a rien déterminé à cet égard, les parties sont censées s'être associées pour tout le cours de leur vie, sans préjudice aux modifications portées en l'article 1869.

Section II.

De l'administration de la société.

Il faut distinguer trois cas principaux : le premier, quand l'administrateur est nommé par le contrat même ; cette nomination étant une condition principale du contrat, l'administrateur institué peut, nonobstant l'opposition de ses associés, faire les actes qui dépendent de son administration, sans s'exposer à être révoqué, sauf toutefois le cas de fraude. Il faut, dans tous les cas, qu'il se renferme dans les bornes du pouvoir qu'il a reçu, et, s'il n'est que général, il ne peut hypothéquer, transiger, ni compromettre, etc. (Art. 1988.)

Le second, quand le pouvoir d'administrer a été conféré par un acte postérieur : ce n'est qu'un simple mandat, qui peut être révoqué par les commettans (art. 1856).

On n'a supposé jusqu'à présent qu'un seul administrateur : vient maintenant le cas où il y en a plusieurs. Si on ne leur a pas déterminé leurs fonctions respectives, ils peuvent faire séparément tous les actes d'administration (art. 1857); mais, dans le cas contraire, ils ne peuvent s'écarter des limites qu'on leur a tracées, et si on a stipulé que l'un ne pourroit rien faire sans le concours et la participation de ceux qui lui sont adjoints, il doit se renfermer dans les termes de cette stipulation. Cette dernière règle ne doit pas être interprétée trop rigoureusement ; car il peut se rencontrer des cas où il faut absolument agir, et alors le coadministrateur a le droit de le faire, puisque tout associé, même non administrateur, jouit de la même faculté.

Quand on n'a nommé aucun administrateur, tous les associés peuvent administrer, et leurs actes sont valables si les autres associés ne s'y sont point opposés ; car alors il faut suivre le principe de la loi 1 , *D. Si serv. vind. : prohibendi potius quam faciendi jus est in socio*, et celui de la loi 28, *D. communi divid. : in re pari potior est conditio prohibentis.* Ce pouvoir d'administrer ne donne pas la faculté d'obliger la société envers un tiers, à moins que l'associé n'ait reçu un pouvoir spécial à cet effet. Lorsque la société est obligée envers des tiers, ils peuvent poursuivre les associés pour des parts égales, sans préjudice aux récompenses que ceux-ci peuvent se devoir. Cependant, quand ces tiers ont renoncé au bénéfice de division, les associés ne sont obligés que jusqu'au prorata de leur mise. Il n'y a solidarité entre eux que quand elle a été stipulée.

Le principe adopté par l'art. 1861 est le même que celui consacré par la loi 20, *D. Socii mei, etc. :* ainsi l'associé de mon associé ne pourra agir directement contre la société; mais il pourra, en vertu de l'article 1166, poursuivre les droits de son associé, s'il en est créancier, sur la société, qui jouira réciproquement du même droit.

Section III.

De la fixation des parts.

Ces parts sont déterminées dans l'acte, ou elles ne le sont pas.

Si elles ne le sont pas, la contribution aux pertes, et le droit de chaque associé aux bénéfices, sont proportionnés à sa mise (art. 1853). Si les parts du bénéfice seul ont été déterminées, celles à la perte sont censées les mêmes (§. 3, *Inst. de societate*). Pour déterminer la part de celui qui n'apporte que son industrie, on l'a fixée, avec justice, à la plus foible, dans le bénéfice comme dans la perte; car, par ce moyen, on provoque son activité.

Dans le second cas on peut, par la convention, attribuer à chacun telle part qu'on veut dans le bénéfice comme dans la perte; mais il faut nécessairement que tous les associés concourent aux bénéfices et aux pertes : car, la convention qui assigneroit tous les bénéfices à un seul, seroit nulle en ce sens que le partage se feroit suivant l'article 1853. Est également nulle la convention qui affranchiroit de toute contribution aux pertes les sommes ou effets mis dans le fonds commun ; ce qui est contraire à l'avis de POTHIER, n.° 42.

Nous disons les *sommes* et *effets* ; car celui qui n'apporte que son industrie, peut bien compenser, par la perte de son temps et de ses peines, les pertes que font les autres. (*L.* 9, §. 1 , *D. pro socio*).

Quand on est convenu de s'en rapporter à un tiers pour la fixation des parts, et que ce tiers ne veut pas les déterminer, il paroît plus conforme à l'équité de nommer des arbitres, que de suivre le vœu de l'article 1853, trop rigoureux dans ce cas. Si l'un des associés attaque le réglement des arbitres, le juge doit calculer toute la valeur de l'expression *évidemment*, consacrée par la loi, et ne le rescinder que quand il y a une lésion d'à-peu-près moitié (Voy. MALEVILLE).

CHAPITRE III.

Des droits et obligations des associés relativement à leur apport et au fonds commun.

L'apport peut être d'un corps certain, ou seulement de la jouissance d'une chose : s'il est d'un corps certain, la société en est propriétaire du moment de la convention (art. 1138), et la chose est à ses risques à dater de cette époque, malgré les dispositions de l'article 1867. Dans la société particulière, l'associé est obligé de lui en assurer la possession paisible (art. 1626 et suivans), et de l'indemniser des pertes que pourroient lui causer les vices cachés de la chose; car il est considéré comme vendeur à l'égard de la société. Quand l'apport est d'une somme d'argent, les intérêts courent contre l'associé, sans demande du jour où le paiement devoit être fait, et si le défaut de cette somme a fait manquer à la société une affaire avantageuse, il peut être condamné à des dommages-intérêts. Si l'apport est d'un corps certain, les fruits sont dus de la même époque (*L.* 38, §. 9, *de usuris et fructibus*).

Quand l'apport ne consiste que dans la jouissance d'une chose, elle reste aux risques de l'associé; mais elle périt pour la société lorsqu'elle se consomme par l'usage, car dans ce cas la propriété et la jouissance sont synonymes. Il en est de même si l'apport se fait de choses destinées à être vendues ou données sur une estimation.

Enfin, si l'associé apporte son industrie, il doit compte à la société de tout ce qu'il a acquis par le genre d'industrie qu'il lui a consacré.

Quant aux droits que chaque associé peut exercer sur le fonds commun, on observe qu'il jouit de la faculté de se servir des choses communes sans en abuser et sans nuire aux droits de ses coassociés; et comme l'associé administrateur est considéré comme mandataire de la société (*L.* 67, §. 2, *D. pro socio*), et que les dispositions de l'art. 1846 doivent être réciproques, il peut réclamer les intérêts des avances qu'il a faites pour la société, du jour qu'il les a effectuées. Enfin, il a le droit de contraindre les autres associés de concourir aux dépenses nécessaires; s'ils le refusent, on pourroit conclure de l'article 232 du Code de commerce, qu'il a le droit de se faire autoriser par justice, à emprunter, pour le compte de la société, une somme déterminée par le jugement.

Les obligations des associés peuvent être établies ainsi qu'il suit : Comme la société est une propriété commune à tous les associés, il s'ensuit que nul d'entre eux ne peut y faire d'innovations sans le consentement des autres sociétaires ; le consentement tacite suffit : *qui prohibere potest et non prohibet, consentire videtur.* Un associé ne peut, à plus forte raison, engager ni aliéner les choses qui dépendent de la société (art. 1859 et 1860). Il doit réparer le dommage causé par sa faute; mais il n'est tenu que de la faute légère (*Inst. §. fin.*, et *L.* 52, §. 3, *D. pro socio*). Il ne peut compenser ce dommage que par l'industrie qu'il ne doit pas à la société.

Les articles 1848 et 1849 sont conformes aux principes développés par Pothier, n.° 12, et à la loi 72, *D. pro socio.* Cependant le débiteur peut imputer son paiement sur la dette de l'associé, s'il a un intérêt majeur à l'acquitter la première, par exemple, dans le cas de la contrainte par corps.

CHAPITRE IV.

De la dissolution de la société.

La société se dissout,

1.° Par l'expiration du temps pour lequel elle a été contractée. Si les associés veulent proroger la société, ils pourront le faire par un acte quelconque (art. 1834), sans qu'il soit identiquement le même que le premier.

2.° Par la consommation de l'affaire.

3.° Par l'extinction de la chose (*L.* 65, §. 10, *D.*). Relativement aux apports, quand ils se composent de la jouissance d'une chose, la société se dissout par la perte de cette chose à quelque époque qu'elle arrive; mais si c'est de la propriété, il faut que la chose soit perdue avant que la mise ait eu lieu, pour que la société soit dissoute : ce qui est contraire à l'article 1138. Pour résoudre cette difficulté, on a supposé qu'il s'agissoit de biens qui n'étoient pas en la propriété de l'associé.

4.° Par la mort naturelle ou civile (*L.* 4, §. 1, *D. pro socio*).
On peut stipuler qu'après la mort d'un associé la société continuera
entre ses autres associés et ses héritiers, ou entre ceux-là seulement (art. 1868) : le Droit romain défendoit la première convention (*LL.* 58 et 35, *D. pro socio*). Quand les héritiers ne doivent
pas continuer la société, ils se trouvent avec les autres associés
en communauté *nécessaire* (*L.* 40 et 63, §. 8, *D. pro socio*).

On peut voir d'après cela en quoi la communauté diffère de
la société. Les héritiers n'ont droit qu'aux profits qui viennent
du fait personnel de leur auteur, quant à ceux acquis après sa
mort.

5.° Par l'interdiction, la faillite et la déconfiture de l'un d'eux.
Le curateur de l'interdit ne peut le représenter : chez les Romains,
au contraire, on lui avoit refusé long-temps la faculté de renoncer,
qui lui fut enfin accordée par les empereurs (*L. ult., C. pro socio*).

6.° Par la renonciation de l'un des associés. Il doit pour sa
propre sûreté en faire prononcer la validité en justice. Dans les
sociétés à terme, il faut avoir un juste motif pour en demander
la dissolution avant le terme convenu (*L.* 14, *D. pro socio*). Par
exemple, comme on ne peut être forcé de tenir ses engagemens
envers celui qui manque aux siens, il est évident que dans ce
cas on peut demander la dissolution : on le peut aussi à cause des
infirmités d'un des associés, excepté le cas où cet associé ne
feroit que donner ses fonds. Mais il faut, dans tous les cas où la
renonciation est admise, qu'elle soit notifiée aux autres associés,
qu'elle soit faite de bonne foi (*Inst.*, §. 5, *pro socio*) et non à contre-
temps (*L.* 65, §. 5, *D. eod.*) : à défaut de notification à un seul,
la société subsiste pour tous ; car elle ne peut exister en partie.
On peut décider, d'après la loi 17 *D.*, que le bénéfice acquis
depuis la renonciation doit être partagé avec celui auquel la renonciation n'a pas été notifiée, sans que celui-ci doive contribuer
aux pertes.

Les règles qui doivent déterminer les partages entre associés, sont établies par les articles 841, 876, 883 et 887.

Le Droit françois ne parle pas d'une règle connue dans le Droit romain, et par laquelle, à la reddition des comptes, l'associé débiteur n'est condamné que *in quantum facere potest* (*L.* 63, *D. pro socio*). Le motif de cette loi est la fraternité qui règne entre les associés (*L.* 63, *D. eodem*). D'après notre Droit, il faut le condamner à payer ce qu'il doit réellement.

FIN.